L'HORLOGE

ET LES CLOCHES

DE

LA BASTILLE

D'APRÈS LES MANUSCRITS DES ARCHIVES

PAR

MAXIME VUILLAUME

———◦◦◦◦———

TOURS

IMPRIMERIE DESLIS FRÈRES

6, RUE GAMBETTA, 6

—

1896

L'HORLOGE ET LES CLOCHES

DE LA BASTILLE

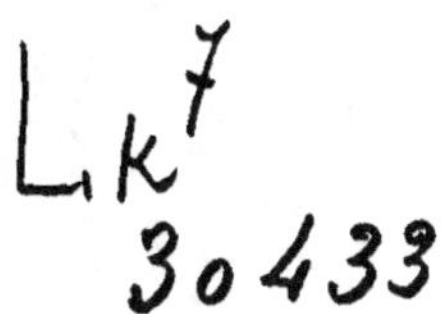

Cette Brochure a été tirée à 250 exemplaires.

Exemplaire N°

L'HORLOGE DE LA BASTILLE

conservée aux Fonderies de Romilly-sur-Andelle

L'HORLOGE

ET LES CLOCHES

DE

LA BASTILLE

D'APRÈS LES MANUSCRITS DES ARCHIVES

PAR

MAXIME VUILLAUME

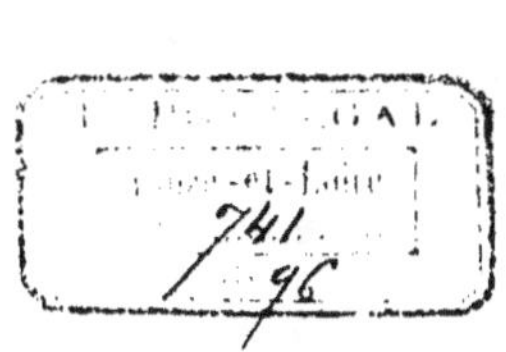

TOURS

IMPRIMERIE DESLIS FRÈRES

6, RUE GAMBETTA, 6

—

1896

L'HORLOGE ET LES CLOCHES

DE LA BASTILLE

Les moindres détails de l'histoire de la Bastille excitent encore le zèle des chercheurs, qui se disputent les derniers vestiges de la célèbre forteresse. Le musée Carnavalet possède une riche collection de ces souvenirs, depuis la fameuse pierre que Palloy appelait avec emphase la « châsse de la Liberté », jusqu'à l'une des clefs qui ouvraient les appartements du gouverneur. Les sabres et les piques des vainqueurs ornent les salles de l'époque révolutionnaire. Et cependant, à cette réunion de documents, manque la plus remarquable des reliques parmi celles que le temps a respectées : l'horloge qui, pendant les vingt-cinq dernières années de la prison, de 1764 à 1789, marqua et sonna les heures de détention des victimes des lettres de cachet.

Installée en 1764, sur la façade du bâtiment intérieur qui venait d'être élevé par ordre de M. de Sartine, l'horloge de la Bastille fit le sujet des amères critiques de Linguet, qui y consacre, dans ses *Mémoires* fameux, des pages que nous citerons plus loin. Charpentier en parle à son tour, dans son pamphlet de la *Bastille dévoilée*. Elle disparaît au lendemain du 14 juillet. On la retrouve dès le 17, au district de Saint-Louis-de-la-Culture, où elle a été transportée.

Vendue très probablement avec les matériaux de la démolition, elle devient la propriété des fonderies de Romilly-
sur-Andelle, l'un des établissements qui fournissent de
cuivre et de bronze le département de la Marine et les Monnaies. L'horloge ne quittera plus, jusqu'à nos jours, sa nou-
velle demeure.

Nous nous proposons, dans ce qui va suivre, de recons-
tituer, aussi fidèlement que possible, en nous appuyant sur
les documents manuscrits conservés dans les divers dépôts
de nos archives nationales, l'histoire de l'existence passa-
blement tourmentée de l'antique horloge.

§ 1. — L'Horloge a la Bastille.

Il nous faut avant tout décrire l'emplacement même de
l'horloge et son aspect extérieur. Elle est placée, comme
nous venons de le signaler, au fronton du bâtiment dit
de l'État-major, qui s'appuie, d'un côté, sur la tour de la
Chapelle, de l'autre côté sur la tour de la Liberté, et qui
sépare en deux cours inégales, la grande cour et la cour
du Puits, l'intérieur de la prison.

Au fond de la grande cour, en face du pont-levis, on avait
élevé un bâtiment moderne, qu'une inscription en lettres d'or sur
un marbre noir, placée au-dessus de la porte, annonçait avoir
été construit en 1761, sous le règne de Louis XV, et sous le
ministère de M. Phelippaux de Saint-Florentin, ministre de Paris,
par M. de Sartine, alors lieutenant de police, pour le logement
des officiers de l'État-major [1].

Plus loin, s'appuyant sur le passage des *Mémoires sur la
Bastille* de Linguet, détenu de 1780 à 1782, Millin ajoute :

[1] Millin, *Antiquités nationales.*

C'était sur le fronton de ce bâtiment qu'était cette horloge devenue si célèbre par ce qu'en avait dit M. Linguet: « L'horloge du château donne sur cette cour. On y a pratiqué un beau cadran. Mais devinera-t-on quel en est l'ornement ? quelle décoration on y a fait ? Des fers parfaitement sculptés. Il a pour support deux figures enchaînées par le cou, par les mains, par les pieds, par le milieu du corps. Les deux bouts de ces ingénieuses guirlandes, après avoir couru tout autour du cartel, reviennent sur le devant former un nœud énorme. Pour prouver qu'elles menacent également ment les deux sexes, l'artiste, guidé par le génie du lieu, ou par des ordres précis, a eu grand soin de modeler un homme et une femme. Voilà le spectacle dont les yeux d'un prisonnier qui se promène sont récréés. Une grande inscription, gravée en lettres d'or sur un marbre noir, lui apprend qu'il en est redevable à M. Raymond Gualbert de Sartine, etc... »

L'auteur des *Antiquités nationales* fait suivre cette description d'autres détails intéressants qui complètent le récit de Linguet, et redressent en même temps certaines de ses erreurs :

Depuis la sortie de M. Linguet, M. de Breteuil demanda un jour, en visitant la Bastille, où étaient les chaînes qui avaient tant indisposé le prisonnier. On les lui fit voir : « Dans deux heures, dit le ministre, je veux qu'elles soient ôtées. » Et elles disparurent. Mais on ne put changer la position des esclaves.

La description de M. Linguet n'est pas tout à fait exacte. Ces deux esclaves ne sont pas de sexe différent, mais d'un âge fort éloigné. L'un est un homme dans la force de l'âge, l'autre un vieillard, et si elle ne signifie pas que les deux sexes trouvaient à la Bastille la perte de leur liberté, elle indique que les deux extrémités de la vie y étaient également menacées de l'esclavage...

Millin donne, dans la planche III de son livre, une reproduction exacte de ces deux figures, *la Jeunesse* et *la Vieillesse*, que nous retrouvons également esquissées dans le croquis exécuté par Palloy, et conservé dans l'un des registres des comptes de démolition de la Bastille [1].

---

[1] Bibliothèque nationale. Manuscrits. *Nouv. acq. franç.*, 2811.

Ce même croquis nous montre la disposition de l'horloge sur la façade du bâtiment de l'État-major. Le fronton était situé à l'étage supérieur, dans l'axe de la porte d'entrée. Il était surmonté d'un petit clocheton, qui prenait naissance sur la pente du toit recouvert en tuiles, et qui abritait les trois cloches formant timbre. Les « pierres de la Bastille », de Palloy reproduisent très exactement cette disposition de l'horloge.

Par simple esprit d'exactitude, nous ferons observer l'erreur commise par Linguet dans l'exécution de la gravure qui est en tête de ses *Mémoires*. Les deux sujets sont représentés debout et enchaînés. Or, Millin et Palloy les montrent couchés, le torse à moitié relevé. L'erreur de Linguet est tout au moins curieuse, venant de la part d'un témoin qui, au cours de ses deux années de détention, avait eu tout le temps d'examiner et de fixer dans sa mémoire l'horloge qui devait lui laisser de si poignants souvenirs.

§ 2. — L'Horloge jusqu'au 14 juillet.

A quelle époque l'horloge fut-elle posée sur la façade du bâtiment neuf ? Par qui fut-elle construite ? Quelle fut sa vie, depuis l'heure première qu'elle sonna, jusqu'à son dernier battement, le 14 juillet, à 5 heures un quart, où elle s'arrêta, meurtrie par les balles des vainqueurs ?

Ici les documents abondent. On peut suivre, presque jour par jour, aux archives conservées à la Bibliothèque de l'Arsenal, ce qui a trait à l'horloge et à ses cloches. Le nom de l'horloger qui construisit l'horloge, celui du fondeur des trois cloches, les noms de chacun des horlogers qui se succédèrent dans la fonction de remonter et d'entretenir le mouvement, le prix de ces différents travaux, tout nous est révélé par les lettres et quittances originales qui ont échappé à la destruction.

Tout d'abord la commande de l'horloge, faite à un sieur Quillet, horloger, comme l'atteste la lettre suivante, datée du 28 avril 1764, écrite par M. de Sartine au comte de Jumilhac, gouverneur de la Bastille [1].

Ce 28 avril 1764.

J'ai communiqué, Monsieur, à M. le comte de Saint-Florentin les mémoires qui m'ont été donnés par les sieurs Quillet, horloger, et Le Faivre, maître maçon, pour les ouvrages par eux faits au bâtiment neuf de la cour intérieure du château de la Bastille, montant en total à la somme de............ 5.393 l. 1 s. 10 d.

Sçavoir :

Pour ce qui concerne l'horloge fournie
par le sieur Quillet...................... 3.767 l. 5 s. 0 d.
Et pour Lefaivre...................... 1.625 l. 16 s. 10 d.

Le ministre a décidé que cette somme serait payée en six mois, et portée sur les états à raison d'un sixième par mois. Je vous prie en conséquence de vouloir bien en prévenir M. Chevalier (major du château), afin qu'à commencer de l'état du mois de mars prochain il emploie chaque mois une somme de 898 l. 10 s. 9 d. jusques à concurrence de la dite somme de 5.393 l. 1 s. 10 d.

Quant à la répartition à faire de chacune des sommes entre ces deux ouvriers, il convient de leur distribuer au marc la livre.

Je suis avec respect, Monsieur, votre très humble et très obéissant serviteur.

De Sartine.

A M. le comte de Jumilhac.

Dans cette somme de 3.767 l. 5 s. étaient compris, non seulement le mouvement, mais les cloches, comme il ressort d'une note manuscrite du même dossier, faisant allusion à un reliquat de compte « revenant à M. Lefaivre, à l'horloger, *au fondeur* et autres ouvriers ».

Il faut croire que l'horloger Quillet et le fondeur Cheron, dont nous verrons plus tard le nom inscrit sur les cloches, n'étaient pas parfaitement d'accord. Nous trouvons en effet, datée du 22 août 1764, soit quatre mois après

---

[1] *Archives de la Bastille.* Comptabilité du major. 1760-64.

la lettre de M. de Sartine que nous venons de lire, une lettre de Cheron, adressée au gouverneur de la Bastille, ou au major, et demandant l'appui de ce dernier, pour arriver à obtenir de Quillet paiement des cloches [1].

De Paris, ce 22 août 1764.

Après vous avoir interrompu deux fois, pour le sujet de mon paiement, pour les cloches que j'ay livré pour l'horloge de la maison royalle de la Bastille, comme vous m'avez fait l'honneur de me dire de vous écrire à cet égard, pour vous raffraîchir la mémoire, pourquoy j'ose prendre cette liberté, pour que vous ayez la bonté de faire remettre ma demande à M. Lefebvre, comme je n'ait personne que vous, Monsieur, à qui je puisse m'adresser, pour la réussite de mes affaires avec le sieur Quillet, horloger, qui est de la somme de 1.100 l., dont marché fait double avec le dit sieur, le 4 may 1762. Je vous aurez, Monsieur, toutes les obligations possible. Estant avec un profond respect, votre très humble et très obéissant serviteur.

CHERON.

MONSIEUR,

Dans le cas que Monsieur est besoin de moy, mon adresse est rue du Four, faubourg Saint-Germain, à l'Épée Royalle, au-dessus de la rue de l'Egoût, Cheron fondeur.

Dans cette lettre est enfermé un bout de papier à demi déchiré sur lequel est inscrite (de la main du gouverneur ou du major?) cette note :

Marceau, place Maubert, au coin de la rue des Lavandières, chez un horloger, au second. Opposition sur ce qui revient à Quillet.

Cette mauvaise paye de Quillet s'exécuta-t-il, et le fondeur eut-il gain de cause ? Cheron obtint-il enfin, grâce à cette opposition en due forme, paiement des 1100 l., qu'il

1 *Archives de la Bastille.* — Manuscrit n° 12.; 588.

réclamait? Rien ne nous l'indique. Les 5.393 l. 1 s. 10 d. (dans lesquels est compris le prix des cloches) furent versés en entier au maître maçon Lefaivre, dont nous trouvons les reçus, le dernier pour solde, du 7 mars 1765.

Voici l'horloge en place. Le gouverneur la fait examiner par un expert, le sieur Amyrauld. M. de Sartine écrit à ce sujet à M. de Jumilhac la lettre suivante :

A Paris, le 27 mars 1765.

Je vous prie, Monsieur, d'employer sur votre état de dépenses de mars, que vous devez donner au commencement d'avril prochain, la somme de *quarante-sept livres* pour le sieur Amyrauld, maître horloger, expert, qui a, par mes ordres, vu et vérifié l'horloge du bâtiment neuf de la Bastille, et en a fait l'estimation, le tout conformément à la décision de M. le comte de Saint-Florentin, concernant la dépense du dit horloger.

Je suis avec respect, etc...

De Sartine.

A M. le comte de Jumilhac.

Les archives de la Bibliothèque de l'Arsenal nous renseignent encore sur les différents horlogers qui se succèdent, depuis la pose de l'horloge jusqu'en 1789, et qui ont pour fonction le remontage et l'entretien du mouvement de l'horloge. C'est tout d'abord Quillet lui-même, qui, moyennant 12 l. 10 s. par mois, sera chargé de cette surveillance, comme l'atteste la lettre suivante de M. de Sartine à M. de Jumilhac.

(*En marge :* Fait comme il est requis.)

Paris, ce 13 novembre 1766.

Vous savez, Monsieur, que le sieur Quillet, horloger, qui a fait l'horloge de la Bastille, s'est engagé avec feu M. Defferent, d'entretenir le dit horloge et de le remonter tous les jours, à raison de 150 l. par an, à commencer du 14 mars 1764, ce qui fait jusqu'au premier de ce mois, deux ans et sept mois d'entretien, formant la somme de 387 l. 10 s. dus au dit sieur Quillet.

M. le comte de Saint-Florentin, à qui j'en ai rendu compte, approuve que la dite somme de 387 l. 10 s. soit portée sur les états du Roy, à l'article des dépenses extraordinaires du dit château, et qu'à commencer du 1er novembre de cette année vous employez une somme de 12 l. 10 s. par mois pour l'entretien et la remonte du dit horloge sur les états de mois de la Bastille ; au moyen de quoi cette affaire sera en règle et le paiement du dit sieur Quillet assuré. Je vous prie, Monsieur, de vouloir bien en prévenir M. le Major, qui pourra payer dorénavant cet horloger sur ses quittances.

Je suis avec respect, etc...

Signé : DE SARTINE.

A M. le comte de Jumilhac.

Une série de reçus de Quillet, allant du 19 mars 1767 au 29 décembre 1776, attestent les services réguliers du premier horloger de la Bastille. Il semble que, vers 1775, l'horloger passe de vie à trépas ; les reçus de 1776 sont signés « veuve Quillet ». Voici les deux plus curieux spécimens signés, l'un de la veuve, l'autre de la fille de l'horlogère :

Resus de Monsieur le majour la somme de trante-sept livres dix sols pour l'horloge du chateau de la Bastille.

Signé : Veuve QUILLET.

Reçu de M. Chevalier, major de la Bastille, la somme de trente-sept livres dix sols pour l'orloge.

Signé : pour mamant, fille LEDOUX.

En 1776 l'horloge est réparée. La comptabilité du major, dont nous extrayons ces pièces, renferme un long et peu compréhensible mémoire, fort détaillé, des pièces qui ont été remplacées, dont le montant, 130 l., est payé à la veuve Quillet, en date du 29 mars 1776.

Jusqu'en 1787 nous n'avons plus, pour achever l'histoire de cette première étape de l'horloge de la Bastille, qu'à

signaler les noms des deux horlogers qui succédèrent à
Quillet dans la tâche qu'il avait assumée. Les horlogers
Festeau et Lejeune furent successivement chargés du remontage et de l'entretien de l'horloge, aux mêmes conditions
que leur prédécesseur. On trouve leurs reçus dans la comptabilité mensuelle de la Bastille, qui est parvenue jusqu'à nous.
Il existe encore un reçu de Festeau, dans la comptabilité
de 1781, et un de Lejeune dans celle de juin 1789. Lejeune
fut donc le dernier horloger de la Bastille.

Nous entrons dans la période révolutionnaire. Le 14 juillet, la forteresse est aux mains des vainqueurs. Les vicissitudes de l'horloge, de son cadran, des cloches et des statues
qui ornent le fronton, vont commencer.

§ 3. — L'Horloge a Saint-Louis-de-la-Culture.

Les récits du temps nous apprennent que, dès le premier
jour, l'horloge fut assez maltraitée. En dehors des documents que nous citerons plus loin, on eût aimé rencon-
trer à ce sujet un témoignage précis, émanant d'un combat-
tant ou d'un simple curieux, et nous renseignant sur l'état
de l'horloge au lendemain de la victoire. Qu'a donc regardé,
dans sa promenade à travers la forteresse, cet horloger qui
a légué à la postérité ses exploits sous ce titre : *Journée de
J.-B. Humbert, horloger, qui le premier a monté sur les
tours de la Bastille?* Il a tout vu, l'horloger, sauf bien
entendu l'horloge, dont il ne nous parle en aucun passage
de son récit pompeux. Tout ce que nous savons, c'est que
la façade sur laquelle se trouvait l'horloge subit de
furieuses attaques. La plaque commémorative de marbre
noir, constellée de lettres d'or, fut brisée en mille morceaux.
L'horloge, ou plutôt son mouvement intérieur, était
heureusement à l'abri des balles et des projectiles de toutes
sortes qui pleuvaient autour d'elle.

Échappée au désastre de la première heure, elle ne devait cependant pas rester longtemps en place. Trois jours après la victoire, le célèbre patriote Palloy, qui avait déjà accaparé la Bastille, recevait la visite du maitre horloger Regnault, porteur d'un ordre du marquis de La Salle, commandant de la milice parisienne, réclamant l'horloge et ses cloches. Palloy résista tout d'abord. Il avait peut-être rêvé de frapper, avec le bronze des cloches, quelque bibelot commémoratif, pour faire pendant à ceux qu'il tira des grilles et des chaines de la forteresse. L'ordre était formel. Palloy livra l'horloge, après s'être fait remettre un reçu dont la Bibliothèque Nationale possède une copie authentique[1] :

Je reconnais avoir en ma possession l'horloge, le clocher, les cloches et ses poids, dépendants de l'horloge qui était à la Bastille, que j'ai fait démonter et enlever sous les ordres de M. le marquis de La Salle, et que je me soumets de remettre aux premiers ordres que je recevrai. Au château de la Bastille, ce 17 juillet 1789.

Signé : REGNAULT, maître horloger,
Vieille rue du Temple, près l'Egoût.

Palloy ne se contenta pas de ce reçu. Il éprouva le besoin d'adresser une de ses lettres habituelles à l'Assemblée des Électeurs qui siégeait à l'Hôtel de Ville. Le même dossier nous donne copie, faite par son ordre, de cette lettre, datée du 17 juillet :

MESSIEURS LES ÉLECTEURS SÉANTS A L'HÔTEL DE VILLE,

La présente est pour vous donner avis que M. Renaud, horloger, Vieille rue du Temple, s'est présenté à la Bastille, en vertu d'un ordre de M. le marquis de La Salle, pour démonter et enlever l'horloge de la Bastille.

Je n'ai cru devoir m'opposer à cet œuvre, mais je me suis fait

---

[1] Biblioth. Nation. *Manusc. Nouv. acq. franç.* 2.811.

délivrer une reconnaissance pour ma décharge, afin de la représenter en cas de besoin.

Je joins à la présente, copie de la dite reconnaissance dont je suis porteur, qui me servira de pièce justificative.

Je suis avec respect, etc...

Signé : PALLOY, *patriote.*

P. S. — Je vous observe, Messieurs, que tout le monde enlève à la Bastille beaucoup d'effets et même ceux qui sont chargés de veiller. M. de la Reunière enlève lui-même à plein carosse. Est-ce d'après vos ordres ? Je n'en sçai rien.

Où l'horloger Regnault (et non Renaud) transporta-t-il les cloches et l'horloge? Le reçu qu'il laisse à Palloy ne le mentionne point. La lettre de Palloy à l'Assemblée des Électeurs ne nous éclaire pas davantage. Le marquis de La Salle a-t-il donné des ordres pour qu'elles fussent remises au district de Saint-Louis-de-la-Culture ? C'est à présumer, puisque divers témoins reconnaissent les y avoir vues. Charpentier, dans *la Bastille dévoilée*, dit:

..... Le mouvement de l'horloge est actuellement au district de Saint-Louis-de-la-Culture. Nous l'y avons vu [1].

Millin déclare également que « le mouvement de l'horloge a été remis au district de Saint-Louis-de-la-Culture [2] ».

Le district de Saint-Louis-de-la-Culture joua un grand rôle dans la démolition de la Bastille. Aussitôt que le premier coup de pioche des vainqueurs fut donné, le district établit un bureau chargé de recevoir les déclarations et les plaintes, de subvenir aux dépenses journalières en dehors du paiement des ouvriers, de surveiller l'enlèvement des cadavres, le transport des meubles, livres, registres et

---

[1] *Bastille dévoilée*, 2ᵉ livr.
[2] MILLIN, *Antiquités nationales*.

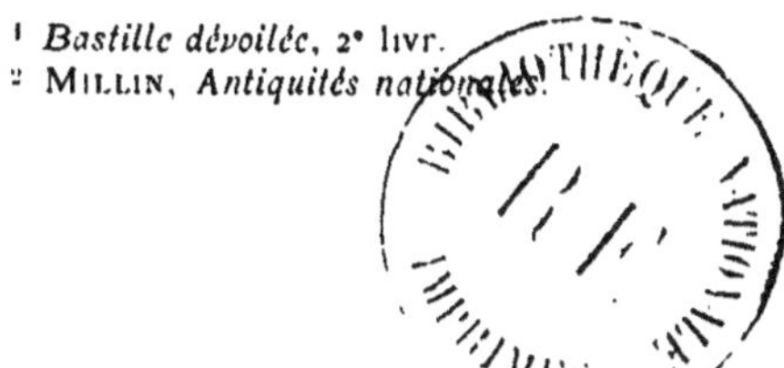

papiers. A ce bureau était joint un Comité permanent, formé de quatre commissaires, parmi lesquels Dusaulx, qui recevait les ordres de la ville [1].

Dès le 23 juillet, un procès-verbal mentionne le transport d'imprimés au district. Dans la séance du 16 septembre, l'Assemblée des représentants de la Commune, sur le rapport de Thuriot de la Rosière, arrête que les papiers de la Bastille y seront déposés, et nomme des commissaires pour en faire le dépouillement [2]. Les archives restèrent au district jusqu'au 2 février 1798 [3].

Les procès-verbaux des ventes des matériaux de la Bastille, qui commencèrent dès le 24 août, mentionnent la présence à ces ventes de deux délégués du district de Saint-Louis-de-la-Culture, « dans l'arrondissement duquel se trouve la Bastille, et à la vigilance duquel avait été confié tout ce qui est relatif à la démolition de la forteresse ».

Le témoignage de Charpentier, celui de Millin, la mission de surveillance des épaves de la Bastille qui avait été confiée au district, permettent de croire que l'horloge et ses cloches y furent bien déposées, dès le 17 juillet, par l'horloger qui les avait enlevées de la Bastille, sur l'ordre du commandant de la milice parisienne, le marquis de La Salle.

§ 4. — La Vente de l'Horloge.

Le district de Saint-Louis-de-la-Culture fut très probablement, on peut même dire très certainement, la dernière étape de l'horloge et de ses cloches, avant qu'elles ne

[1] V. Fournel, *Palloy*.
[2] Sigismond Lacroix, *Actes de la Commune de Paris pendant la Révolution*, tome I, p. 597.
[3] Funck-Brentano, *Les Archives de la Bastille*.

fussent vendues, séparément ou jointes à quelque lot des matériaux métalliques provenant de la forteresse, aux fonderies de Romilly. La date de leur sortie du district ne peut cependant, jusqu'à ce que de nouveaux documents aient été mis au jour, être établie d'une façon précise.

Nous avons consulté les diverses sources manuscrites qui pouvaient nous éclairer à ce sujet, les Archives de la Bastille à l'Arsenal, les pièces de la Bibliothèque Nationale, celles de la bibliothèque du musée Carnavalet, celles qui sont conservées aux archives de la Seine; nous n'avons trouvé aucune trace de la vente de l'horloge. Palloy n'en dit rien dans ses comptes touffus de la démolition de la Bastille. Il n'existe rien non plus dans les affiches et procès-verbaux des ventes de matériaux, faites par ordre de l'Assemblée des représentants de la Commune au plus offrant et dernier enchérisseur. Ces ventes se faisaient dans « l'allée des jardins de l'Arsenal, qui borde les fossés de la Bastille ». Plusieurs font mention de matériaux métalliques; mais les procès-verbaux des ventes sont absents [1].

L'horloge et les cloches furent-elles vendues directement au district de Saint-Louis-de-la-Culture ? A la suite du décret du 12 février 1790, abolissant les vœux monastiques, les douze chanoines de Saint-Louis durent abandonner le prieuré. S'en suivit-il quelque vente dans laquelle aurait été comprise l'horloge? Fut-elle vendue plus tard, lorsque l'on procéda à la mise en adjudication (ou à la vente à l'amiable) des mille objets qui avaient été déposés au district depuis le 14 juillet? Toutes ces suppositions sont permises, dans l'ignorance où nous sommes des faits authentiques.

---

[1] V. à l'appendice : *Éclaircissements sur les ventes de matériaux provenant de la démolition de la Bastille, faites à l'Arsenal.*

L'auteur d'une étude récemment publiée croit que l'horloge, déposée au district de Saint-Louis, fut comprise dans les lots quand l'ancienne église paroissiale de Saint-Paul fut démolie et les matériaux vendus nationalement [1]. Cette supposition nous semble, jusqu'à preuve du contraire, devoir être écartée.

Tout d'abord, nous ne voyons pas bien pourquoi l'horloge et ses cloches auraient été transportées de Saint-Louis à Saint-Paul, si rapprochées que ces deux églises fussent l'une de l'autre (la rue Saint-Paul séparait l'église de ce nom du prieuré de Saint-Louis). L'église Saint-Paul ne fut vendue qu'en 1797 et démolie deux ans après en 1799. Au cours de sa démolition, sa propre horloge, avec le timbre, fut portée au Conservatoire des Arts et Métiers, où elle resta jusqu'en 1806, date à laquelle elle fut, sur la prière du Conseil de fabrique, donnée à l'église Saint-Paul-Saint-Louis actuelle. Cette horloge existe encore dans cette dernière église. On s'expliquerait difficilement la vente de l'horloge de la Bastille, au cas où elle eût été transportée à Saint-Paul, lorsque l'horloge de l'église elle-même était mise en sûreté. Tout en constatant que nous ne raisonnons ici que sur de simples hypothèses, il est plus plausible d'admettre que l'horloge a été vendue, soit à l'Arsenal avec d'autres matériaux de la démolition, soit à Saint-Louis, à une date qu'il est encore impossible de fixer.

L'horloge ne fut pas la seule pièce précieuse qui sortit de la Bastille dans ces premiers jours de désordre. Une grande partie du mobilier de la chapelle fut remis, le lendemain même de la bataille, le 15 juillet, par le chevalier de Lazais, lieutenant aux gardes françaises, au curé de l'église Saint-Paul, dont nous parlions tout à l'heure. Ce dépôt d'objets sacrés (l'église Saint-Paul-Saint-Louis possède encore la Crucifixion qui ornait l'autel de la chapelle de la

[1] *Collaborateur des Érudits et des Curieux.* 15 nov. 1895.

Bastille) ne prouve en rien cependant que l'horloge ait pu, à un moment quelconque, être portée, elle aussi, à Saint-Paul.

Il resterait à se demander le motif de l'empressement que mit le marquis de La Salle à réclamer à Palloy l'horloge, le clocher, le mouvement et les cloches de la Bastille, dès le 17 juillet. Ce n'était certes pas pour sauvegarder la valeur vénale de bronze et de cuivre que représentait l'horloge. La forteresse possédait d'énormes quantités de fer, plomb et autres matériaux métalliques. Le marquis de La Salle avait-il l'intention de faire remonter l'horloge autre part, ou de la conserver à titre de souvenir national ? Il ne savait pas, dans tous les cas, si bien réussir.

§ 5. — L'Horloge aux Fonderies de Romilly.

Qu'elles aient été vendues à l'Arsenal, à Saint-Louis ou même à Saint-Paul, l'horloge et ses cloches se retrouvent aux fonderies de Romilly-sur-Andelle (Eure). C'est là qu'elles sont encore, intactes.

Les fonderies de Romilly, établies en 1782 par Le Camus de Limare, aujourd'hui la propriété de M. Dupré-Neuvy, jouèrent un grand rôle sous la Révolution. Elles s'étaient engagées à envoyer chaque semaine, en cuivre pur ou en métal de cloches, découpés en flans, aux monnaies de Rouen, de Paris et d'Orléans, une quantité fixée par contrat. Les clochers du Calvados, de la Somme. de la Manche, des Côtes-du-Nord, du Finistère, furent dépeuplés au profit des fonderies de Romilly. Les merveilleuses balustrades de cuivre de la cathédrale de Rouen ne trouvèrent pas grâce devant cette implacable razzia. La célèbre cloche dite Georges d'Amboise y fut brisée en mars 1793. On s'explique facilement comment les fonderies de Romilly furent amenées à prendre part aux adjudications ou aux ventes à l'amiable de matériaux métalliques de démolition de la Bastille, et en particulier à l'achat de l'horloge et de ses cloches.

Le directeur de l'établissement de Romilly était Jean-Daniel Grimpret. Trouvant l'horloge en parfait état, il la fit installer dans ses usines. En même temps que les années s'écoulaient et que grandissait le souvenir des jours passés, l'horloge devenait une curiosité, presque une relique. Les successeurs de M. Grimpret, M. Gardeur-Lebrun et, en dernier lieu, M. Létrange, conservèrent précieusement l'antique horloge qu'avait fait construire le lieutenant de police de Louis XV.

Les trois cloches qui reposaient sous le petit clocheton du bâtiment de l'État-major de la Bastille forment la partie la plus intéressante, la seule véritablement artistique, de l'horloge. Elles sont de dimensions différentes, plates à leur partie supérieure, au lieu de présenter, comme c'est l'habitude, un cerveau hémisphérique ou à peu près. Toutes trois sont rehaussées, à la base et au sommet, de fleurons et de filets qui ajoutent encore à l'élégance de leur allure générale.

Les inscriptions et ornements sont intéressants à noter. C'est d'abord, pour la grosse et pour la moyenne cloche, une inscription commune :

JEAN CHARLES CHERON MA FAIT. 1762

Nous retrouvons ici le nom du fondeur, ce même Cheron dont il a été question plus haut à propos de ses démêlés avec ce mauvais payeur de Quillet. Comme on le remarquera sur le dessin que nous publions ci-contre et qui est la reproduction scrupuleusement exacte de l'original, la légende, dont les caractères sont assez irrégulièrement alignés, est précédée d'une main indicative et d'une croix.

La légende de la petite cloche diffère de celle qui se lit

sur ses deux compagnes. Au lieu d'être inscrite au-dessus des filets inférieurs, elle s'enroule sur deux lignes inégales, autour du sommet. Elle offre une bizarre particularité. Le

Inscription et ornements des grosse et moyenne cloches.

facétieux Cheron, qui n'est plus Jean Charles, mais Louis, a inscrit à l'envers une bonne part de sa légende, qui peut être lue ainsi :

SES TROIS CLOCHE SON FAIT PAR LOUIS CHERON
FONDEUR DE LA COUR
POUR LA ROYALE (P. A. A. R) BASTIL LAN 1761.

L'inscription est précédée d'une étoile.

Inscription de la petite cloche.

Voyons les ornements eux-mêmes. Ils ont été, comme les légendes, reproduits avec le plus grand soin.

La grosse et la moyenne cloche sont ornées d'une façon identique. A la naissance du cerveau, un cordon de fleurons, et au dessous, quatre filets doubles. Sur le corps de la cloche, trois fleurs de lys en relief et l'écusson royal surmonté de la couronne, portant deux ailes d'oiseau. A côté, une figure humaine, vue de face, d'où s'échappent des rayons formant étoile à six branches (le soleil que l'on retrouve dans tous les ornements du règne de Louis XIV). Au-dessous de l'inscription JEAN CHARLES CHERON MA FAIT. 1762, une série de filets doubles.

La petite cloche est plus ornementée encore. A la partie supérieure, l'inscription (dont une partie retournée), entourée de doubles filets. Sur le corps de la cloche, l'écusson de France, un calvaire, un buste d'homme cravaté d'une fraise et un curieux petit roi, au manteau semé de lys, couronne royale en tête, tenant d'une main un sceptre, de l'autre la couronne d'épines et les trois clous de la croix [1].

Ornements de la petite cloche.

Il reste à indiquer les dimensions et les poids des cloches. Les poids respectifs sont de 125, 72 et 50 kilogrammes ; les hauteurs, 48, 40 et 34 centimètres ; les diamètres à la base, 52, 47 et 43 centimètres ; les diamètres au cerveau, 31, 26 et 23 centimètres.

La grosse et la moyenne choche sonnent à l'unisson. Le timbre argentin de la petite cloche ne s'accorde point avec celui de ses deux compagnes. On remarquera qu'elle

---

[1] Dans l'étude que nous citions plus haut à propos de la vente supposée de l'horloge à Saint-Paul, ce personnage royal a été transformé « en un personnage coiffé d'une mitre, tenant dans sa droite un sceptre et une main de justice, et, dans sa gauche, un bouquet ou un flabellum, éventail dont l'usage est réservé au pape ». Ce flabellum est à la vérité la couronne d'épines avec les trois clous, très distincts, au centre, comme nous le montrons ici.

a été fondue en 1761, en même temps que deux autres qui ont dû être remplacées par un motif quelconque (si l'on en croit l'inscription : « ses trois cloche, etc. »). La grosse et la moyenne cloche datent de 1762.

Notre description sera complète, lorsque nous aurons dit que le fondeur des cloches de la Bastille, Jean-Charles Cheron (ou Louis), qui donnait au gouverneur son adresse « à l'Épée Royalle, au-dessus de la rue de l'Égoût », était, nous apprend le *Dictionnaire des Fondeurs*, fondeur du prince de Condé « pour les pompes ». Si l'on consulte le *Recueil des inscriptions de France* de M. de Guilhermy, on retrouve le nom de Cheron sur plusieurs cloches d'église des environs de Paris, sur la cloche d'Issy, par exemple, qui date de 1618. On sait que l'art du fondeur de cloches se transmettait de génération en génération dans les familles. Les fondeurs des cloches de la Bastille étaient donc très probablement les successeurs et les descendants des fondeurs de la cloche de l'église d'Issy et d'autres cloches contemporaines [1].

§ 6. — CE QUI RESTE DE L'HORLOGE ET CE QUI A DISPARU.

Nous pourrions clore ici l'histoire révolutionnaire, et artistique de l'horloge et des cloches de la Bastille, depuis leur origine jusqu'à nos jours. Il nous reste à dire cependant ce que sont devenues les deux curieuses statues dont nous avons précédemment parlé, *la Jeunesse* et *la Vieillesse*, qui ornaient le fronton de l'horloge ; ce qu'est devenu le cadran criblé des balles des vainqueurs, et quel a été le sort probable des chaînes que fit enlever M. de Breteuil après sa visite à la Bastille.

---

[1] V. *Vie contemporaine*, 15 déc. 1895, notre article : LES CLOCHES CHEZ ELLES. *Visite à quelques cloches de France.*

Les deux figures de *la Jeunesse* et de *la Vieillesse* furent remises à Palloy. On a de lui un reçu dont voici la teneur :

En vertu de l'ordre de M. Leroux de La Ville, administrateur du département des travaux publics, je me suis présenté au sieur Betremoy, garde-magasin de la Bastille, qui m'a remis les deux figures modelées représentant l'esclavage avec le cadran qui y était adapté. J'ai reçu pareillement les deux colonnes de la chapelle, etc., etc...

Signé : PALLOY.

Nous retrouvons les deux statues à la fête que donna Palloy, le 18 juillet 1790, sur les ruines de la Bastille, quand tout Paris se réjouissait du grand spectacle de la Fédération. Après avoir décrit la fête, et rappelé l'inscription : « Ici l'on danse », inscrite au-dessus de chacune des portes d'entrée, le *Journal de Paris*, du 20 juillet 1790, nous donne ce renseignement précieux :

Cette inscription « Ici l'on danse » formait un contraste frappant avec les débris de la Bastille que l'on avait enterrés à côté du bosquet officiel, et parmi lesquels on voyait, avec des fers et des grilles, le bas-relief trop fameux représentant des esclaves enchaînés et qui décorait dignement l'horloge de cette redoutable forteresse.

Notons encore que Charpentier, dans *la Bastille dévoilée*, nous apprend que « les figures avaient été modelées par un sculpteur avant la démolition de la Bastille ». Est-ce l'original ou le modelage qui figurait à la fête du 18 juillet ? Quoi qu'il en soit, si l'horloge a été conservée et nous est parvenue intacte, toute trace a été perdue des figures qui ornaient son fronton. Il ne nous reste d'elles que le dessin qu'en a fait Millin pour ses *Antiquités*.

Le cadran a disparu lui aussi. Il avait été, comme nous l'avons signalé plus haut, fort maltraité par les vainqueurs, jusqu'à ce que ses aiguilles se fussent arrêtées à 5 heures un quart. Dans la description de ses « pierres » de la Bastille, Palloy dit :

Au-dessus de la porte du perron du bâtiment de l'État-major, était une inscription, plus haut une fleur de lys. Au commencement du fronton, deux esclaves enchaînés, soutenant sur leurs épaules le cadran, marquant cinq heures un quart au moment de la prise de la Bastille.

Dusaulx, dans le discours historique dont il lut des passages à la séance du 6 février 1790 de l'Assemblée Constituante, dit :

Mais en sortant (de la chapelle de la Bastille), ils (les vainqueurs) détruisent à coups de pierres un cadran dont les supports représentaient deux esclaves courbés sous le poids de leurs chaînes.

Les chaines, on l'a vu, étaient depuis longtemps enlevées. Ont-elles été retrouvées dans quelque coin de la forteresse ? Ou plutôt ont-elles été rejoindre, dans l'allée du jardin de l'Arsenal, la masse des démolitions ?

De tout ce qui constituait l'horloge de la Bastille, il n'a donc été sauvé que le mouvement et les cloches dont nous venons de raconter les vicissitudes. Fort peu nombreux sont les documents qui témoignent encore de l'existence de la prison royale. Le pont de la Concorde a été, dit-on, achevé avec des matériaux provenant de la Bastille. Des pierres de la Bastille ont servi à la réparation du terre-plein du Pont-Neuf. On cite des maisons place du Palais-Bourbon, une autre boulevard Bonne-Nouvelle, une autre encore rue de Tracy [1], qui auraient été édifiées dans les mêmes conditions. Cela est au fond peu prouvé. Il existait dans l'ancien

[1] V. Fernand BOURNON, *La Bastille.* Utilisation des matériaux, p. 212.

cimetière Saint-Paul un tombeau fait en pierres de la Bastille, élevé aux mânes des infortunés dont les restes avaient été découverts dans les cachots après la victoire du 14 juillet, mais le cimetière a disparu sous les constructions nouvelles. Les Archives Nationales, le musée Carnavalet, les villes d'Auxerre, Aurillac, Digne, Dijon, Lons-le-Saunier, Mézières, Pau, Périgueux, Saumur, et, à l'Étranger, Bruxelles, Milan, Mons, Luxembourg, possèdent des spécimens des pierres — les châsses de la liberté — de Palloy, des lances, des piques, des clefs (les Archives nationales en ont à elles seules vingt-sept), des médailles.

De toutes ces reliques, aucune ne rappelle autant de souvenirs que l'horloge dont le son clair réveilla, pendant vingt-cinq longues années, les prisonniers perdus dans leurs rêves de délivrance. Combien d'illustres ou d'obscures victimes l'ont entendu, ce tintement des trois cloches fondues par Cheron, toujours entières, toujours vibrantes, prêtes à sonner longtemps encore, avec l'insouciance de la matière, les heures de joie et les heures, plus nombreuses, hélas! d'amertume et de souffrance.

APPENDICE

SUR LES VENTES DE MATÉRIAUX PROVENANT DE LA BASTILLE.

Dans sa séance du vendredi 14 août 1789, l'Assemblée des représentants de la Commune de Paris prend l'arrêté suivant relatif aux démolitions de la Bastille :

Sur la représentation faite par les sieurs Poyet et de la Poise, architectes chargés de la démolition de la Bastille, qu'il serait nécessaire de procéder incessamment, à la vente et adjudication des matériaux, provenant de cette démolition, *autres que les pierres*, et notamment des plombs, fers, bois de charpentes et de menuiserie, tuiles et autres objets, l'Assemblée a arrêté que les plombs, fers, bois de charpente et de menuiseries, tuiles et autres objets de cette nature, autres néanmoins que les pierres, provenant des démolitions de la Bastille, seraient vendus dans huitaine, sur deux affiches, au plus offrant et dernier enchérisseur, aux lieu, jour et heure indiqués par les commissaires qui seraient nommés à cet effet.

L'adjudication des matériaux, ordonnée par l'arrêté du 14 août, eut lieu les 24 et 26 août, à l'Arsenal, ainsi qu'il résulte du procès-verbal dressé par les commissaires de l'Assemblée des représentants de la Commune[1].

Les Archives Nationales possèdent les affiches originales de ces ventes de matériaux des 24 et 26 août 1789, ainsi que le procès-verbal de la vente du 24 août (bois et menui-

---

[1] Sigismond Lacroix, *Actes de la Commune de Paris pendant la Révolution*, tome I, p. 216-22-23.

serie). Le procès-verbal de la vente du 26 août (fers et
matériaux métalliques) n'existe malheureusement plus ; il
nous eût donné peut-être quelques renseignements sur
l'horloge.

Voici, à titre de curiosité, copie du passage du procès-
verbal qui a été conservé (vente du 24 août), dans lequel
les commissaires nommés par l'Assemblée des représentants
de la Commune déclarent [1] :

S'être transportés à l'Arsenal, dans l'allée où sont disposés
différents objets provenant de la Bastille, assistés de maitre
Ambroise Nicolas Lemoine, avocat au Parlement, greffier, et,
étant en la dite allée, nous avons trouvé M. Jean-Antoine Lesueur
Florent, entrepreneur des Ponts et Chaussées, et J. B. Bertin,
avocat au Parlement, tous deux membres du district de Saint-
Louis-de-la-Culture, dans l'arrondissement duquel est située la
Bastille, à la vigilance duquel district avait été confié tout ce qui
est relatif à la Bastille, et commissaires députés du dit district
pour assister, et être présents aux opérations qui vont se
faire, etc...

[1] *Archives Nationales*, H. 1960.

ACHEVÉ D'IMPRIMER

LE 6 AOUT 1896

PAR

DESLIS FRÈRES

A TOURS

www.ingramcontent.com/pod-product-compliance
Lightning Source LLC
LaVergne TN
LVHW010437060726
842526LV00005B/1841